LE NEGRE,
AUBERGISTE,
FAIT HISTORIQUE,
EN UN ACTE ET EN PROSE,
MÊLÉ DE VAUDEVILLES,

Par CHARLES-JACOB GUILLEMAIN.

Représentée, à Paris, sur le Théâtre du Vaudeville, pour la première fois, le 3 Septembre 1793, (vieux style) l'an second de la République Française, une & indivisible.

Prix 1 liv. 5 sols.

A PARIS;

De l'Imprimerie de CAILLEAU, rue Gallande, N.° 64, 1794. (*vieux style.*)

L'an second de l'Ere Républicaine.

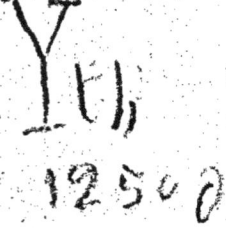

AU LECTEUR.

LA première représentation de cette Piéce ne fut pas heureuse : je montai au théâtre, dans l'intention de retirer mon Ouvrage. Le citoyen Barré, véritable ami des gens de lettres, n'approuva point mon dessein. Lui & le citoyen Desfontaines voulurent bien me donner leurs conseils sur les changemens qu'il y avoit à faire. Les observations de ces deux maîtres ne pouvoient qu'être utiles à l'écolier. Aussi, à la seconde représentation, mon Ouvrage obtint un accueil favorable ; & le Public a la bonté de lui continuer cet accueil.

PERSONNAGES.	ACTEURS.
	Les Citoyens.
DUMONT, ancien propriétaire d'habitation.	Verdpré.
ANTOINE, Nègre affranchi, aubergiste.	Bourgeois.
BABET, servante de l'auberge.	C.ne Molière.
BASILE, garçon de l'auberge.	Carpentier.

La Scène est en Amérique, sur un port de mer, dans l'auberge de la reconnoissance.

Je, soussigné, déclare avoir cédé au Citoyen Cailleau, les droits d'imprimer & de vendre LE NÈGRE, AUBERGISTE, EN UN ACTE ET EN PROSE, MÊLÉ DE VAUDEVILLES, sans préjudice de mes droits d'Auteur que je me réserve, selon l'article de la loi sur les Théâtres auxquels je donnerai le droit de la représenter. A Paris, ce duodi 2 Pluviose, l'an second de la République.

GUILLEMAIN.

LE NEGRE,
AUBERGISTE.

Le Théâtre représente un Sallon simplement orné: on y voit quelques siéges, & une table placée à la première coulisse à gauche; sur cette table un encrier & quelques plumes, & une lettre cachetée.

SCENE PREMIERE.

BABET, *seule, tenant un houssoir, & achevant de nettoyer le Sallon.*

CE Citoyen rentrera, quand il voudra: v'là que tout est prêt. (*Mettant en évidence la lettre cachetée.*) Cette lettre, il la verra en arrivant: bon!... Faut que ça soit un queuqu'z un; car not' maître nous a dit, à Basile & à moi, d'avoir bien soin de lui: aussi depuis hier que j'avons ce nouvel hôte, ce qu'il y a de meilleur, c'est pour lui..... Je ne le crois pas heu-

A 3

6 LE NEGRE, AUBERGISTE,

yeux pourtant : m'est avis que j'ai surpris queuques larmes dans ses yeux... P't être queuque beauté absente, dont les charmes reveniont dans son souvenir.

AIR : *Guyot auprès de Guillemette.*

Moi, je ris pour la moindre cause :
On n.'voit toujours le cœur joyeux :
Mais j'crois qu'ça s'roit tout autre chose,
Si mon amant quittoit ces lieux.
Loin de ses jours l'enfant crie :
Près d'eux il est riant & doux ;
J'avons c'ete humeur-là tout' la vie :
Je n'faisons que changer d'joujous.

SCÈNE II.

BABET, BASILE.

BASILE, *en entrant par le fond de la droite.*

JE l'aurois gagé, que t'avois fini ton ouvrage ; & que tu restois ici.

BABET.

Je pensois.

BASILE.

A moi ?

BABET.

Queuques fois.

BASILE.

Pourquoi pas toujours ?

BABET.

Ça ne seroit pas beau.

FAIT HISTORIQUE.

BASILE.

Pas beau?

BABET.

Cheux l'amour deux ne font qu'un; toi & moi, pas de différence; penser à ce que j'aime, c'est penser à moi : il n'est pas beau de ne penser jamais qu'à soi-même.

BASILE.

T'as eune magnière de raison.... Quoique ça, y a des cas, où toi & moi, ça n'est pas tout comme, dea! Par exemple,

AIR: *Je suis né natif de Ferrare.*

(*Montrant sa main.*)

A c'te main-là, si moi même
J'donnois un baiser d'nicodême,
Ah! je sentirois ben, ma foi!
Que c'est moi, que ça n'vaut pas toi...... Bis.

(*Prenant la main de Babet.*)

Mais celle-ci, quand je la baise,
Ah! je sens, en me pâmant d'aise....

BABET, *pendant qu'il lui baise la main.*

L'argument est drôle, ma foi!

BASILE.

Que c'est toi; que ça vaut mieux qu'moi..... Bis.

BABET.

Où que tu vas chercher des raisonnemens comme ça?

BASILE.

Dans le desir que j'ai d'attaquer queuques petits à

8 LE NEGRES, AUBERGISTE,
comptes, qui me fassent attendre le principal avec un peu plus de patience.

BABET.

Le v'là, qu'arrive, ce principal. Hier, not' bon Monsieur Antoine nous a dit qu'il alloit nous marier.

BASILE.

Queu dommage, si un nègre comme ça étoit resté esclave! que de bien qu'il a fait, qu'il n'auroit pas pu faire!

BABET.

C'est vrai, qu'il est la bonté même. Mais je ne conçois rien à sa manière de ce comporter vis-à-vis de not' nouvel hôte.

BASILE.

Ni moi.

BABET.

Hier, quand ce vaisseau Bordelais est arrivé, t'as été au port, selon ta coutume, inviter les passagers à venir cheux nous; & tu nous as amené celui-ci. Drès que Monsieur Antoine l'a vu venir, vîte il s'est caché... « Babet, recevoir toi-même ce voyageur : recevoir bien lui : moi ne pouvoir pas voir lui pour l'instant. » Depuis ce moment, comme tu sçais, défense à nous de faire connoître à c't étranger & le nom & la couleur de not' maître.

AIR : *N'en demandez pas davantage.*

C'tte conduite-là me surprend....

BASILE.

Ta surprise, je la partage,

FAIT HISTORIQUE.

BABET.

J'croyois qu'pour agir, le méchant
De s'cacher avoit seul l'usage

BASILE.

Tu t'trompois, Babet ?
L'auteur d'un bienfait,
Souvent s'cache encor davantage.... *Bis.*

BABET.

même Air.

Dis donc, Basile ? si c'tétrange
Etoit un créancier ?

BASILE.

Je gage,
Qu'not' maître hier, loin de s'cacher
D'la créance eût apporté l'gage.

BABET.

S'il ne l'pouvoit pas ?

BASILE.

C'est justement l'cas
De s'montrer encor davantage.... *Bis.*

BABET.

C'est vrai que l'honnête homme, &, par ainsi,
Monsieur Antoine, feroit comme ça... Enfin p't-tre
qu'aujourd'hui je sçaurois tout ce que ça veut dire.

BASILE.

Oh ! ça ne peut pas durer long-tems.... Chut !

SCÈNE III.

BABET, ANTOINE ET BASILE.

BASILE, *à Antoine qui entre par le fond de la gauche.*

Bonjour, Monsieur Antoine!

BABET.

Vot' servante, Monsieur Antoine.

ANTOINE.

Bonjour, mes enfans! (*Regardant la lettre qui est en évidence sur la table.*) Lettre pour lui?

BASILE.

Oui, not' maître.

ANTOINE, *allant à la table.*

Pas maître: ami à vous.... (*Lisant l'inscription de la lettre.*) Oui: « à Monsieur Dumont, à l'auberge de la reconnoissance. »

BABET.

Avez-vous ben passé la nuit?

ANTOINE, *venant au milieu d'eux.*

AIR: *L'avez-vous vu mon bien-aimé.*

Sommeil pas grand, mais grand plaisir
En songeant aux fleurettes,
Qu'ensemble allez bientôt cueillir
Au jardin d'amourettes.

Dès aujourd'hui Tabellion
Va cimenter votre union.
Jamais ainsi
Ne fus uni
A douce ménagère :
Mais quand moi rends
Vos cœurs contents,
Crois vraiment être père.
Prospérez comme arbres fruitiers ;
Fasse le ciel que rapportiez !

BASILE.

Monsieur, ça s'ra :
Croyez qu'pour ça
Je ferai tout c'qu'il faudra faire....

BABET.

Et moi, j'n'irai pas au contraire.

TRIO.

BABET ET BASILE.	ANTOINE.
Vous s'rez ravi, quand nos enfans,	Oh ! moi ravi, quand vos enfans,
Par mainte gentillesse,	Par mainte gentillesse,
Feront, dans leurs jeux innocens,	Feront, dans leurs jeux innocens,
Sourire vot' vieillesse.	Sourire ma vieillesse.

BASILE.

Mais, Monsieur Antoine, pour que vous vous fassiez tant de bien, quoi donc que je suis à vos yeux, moi ?

ANTOINE.

Un homme.... Mes enfans, remercîmens de vous diminueroient plaisirs à moi..... Parlons de demain : viendra petit nombre d'amis, devant eux, le notaire terminera l'affaire.

LE NEGRE, AUBERGISTE.

BABET.

AIR: *S'allons de ma brunette.*

Nous passerons-nous de danse ?

ANTOINE.

Eh ! que non pas, s'il vous plaît.
Moi-même veux, en cadence,
Figurer dans un ménuet.
Et quand, sur verte fougère,
Aurons dansé tout le jour ;
Alors......

(*Riant.*) Eh ! eh ! eh !

BASILE, *riant.*

Eh ! eh ! eh ! Il est drôle, le citoyen Antoine !

ANTOINE, *achevant l'air.*

Amitié sincère
Dira bon soir à l'amour.

BASILE.

L'amour ne s'endormira pas tout de suite.

ANTOINE.

C'est ton affaire, ça.

BABET.

Moi, je vous laisse dire.

ANTOINE.

Pas content de dire : moi, fais tout-à-l'heure chez notaire contrat à vous. Dès que serez mariés, apprendrez ce que ne sçavez pas, lire & écrire : faut

FAIT HISTORIQUE. 13

ça dans le commerce que je vous céderai ; & si-tôt que serez sçavants, vous ici tout faire ; & moi me reposer.

AIR : *Pourquoi faire un pareil éclat.*

Et quand enfin viendra l'instant,
Qui doit terminer ma carrière.....

BABET.

D'quoi qu'vous parlez donc là, méchant ?

ANTOINE.

Mes amis, en vous regardant,
J'espère alors sourire encore.
Souvent on voit soleil couchant
Avoir la gaité de l'aurore.

BASILE.

Ce soleil-là, dieu merci ! je le voyons encore à son midi : ne nous occupons pas de sa soirée : ne songeons qu'au plaisir, & d'abord aux affaires : ce Monsieur va rentrer ; faut son déjeûner.

ANTOINE.

Ah ! oui, qu'il ne manque de rien.

BABET.

Il a ben envie de vous connoître ; & vraiment vous avez tort de ne pas lui donner cette satisfaction-là.....
Excusez si je vous dis ça.

ANTOINE, *à Basile & à Babet.*

AIR : *Nouveau.*

Toujours me voyez honnête,
Pour qui chez moi vient loger ;
Devez donc avoir en tête

14 LE NEGRE AUBERGISTE,

Martel pour cet étranger.
D'en parler desir vous grille.

(*A Babet montrant Basile.*)

Toi le previens sur cela.
L'aurois gagé ; car toi fille....
Excuse, si moi, dis ça.

BABET.

Vous vous moquez de Babet !

ANTOINE.

Un peu.

BABET.

Ça ne me fâche pas..... Mais, j'en reviens toujours à dire : un homme que Monsieur Antoine est si peu pressé de voir, pourquoi qu'il nous ordonne d'en avoir tant de soins ?

ANTOINE.

Pourquoi ?

BABET.

Oui.

ANTOINE.

AIR : *Précédent.*

Pour lui ne sçaurois trop faire :
Sçachez que ce voyageur
Doit, encor plus que mon père,
Avoir trône dans mon cœur.

BASILE.

Plus qu' vot' père

ANTOINE, *à Basile.*

Oui, te l'assure,

BABET.

Monsieur, quoi qu'ous nous dit's-là ?

ANTOINE.

Babet, c'est vérité pure.

BABET.

Excusez, si j'dout' de ça.

ANTOINE.

Avant que matinée se passe, toi en conviendras.

BASILE, *regardant vers la droite.*

Le v'là au bout de la rue : il parle à qué qu'un.

ANTOINE.

Vîte, enfants, son déjeûner.... Vais par ce cabinet; & sors par la porte de derrière & par le jardin, pour rencontrer lui.

BASILE, *à Babet.*

Allons, viens, Mame Basile.

BABET.

Ah ! je dis, un petit moment.

ANTOINE.

Demain ça sera vrai.

BASILE, *allant prendre Babet par le bras, & s'en allant avec elle, par le fond de la droite.*

Si tu ne veux pas t'appeller Mame Basile, moi, ça m'est égal : je m'appellerai Monsieur Babet.

SCÈNE IV.

ANTOINE, *seul.*

Allons chercher ces deux contrats qu'ai demandés au notaire. Crois que mon stratagême réussira : exécution en sera aisée, puisque ces enfans ne sçavent pas lire.... Que de plaisir pour moi !

AIR : *C'est la fille à Simonette.*

Vais exercer bienfaisance
Envers jeunesse & candeur :
Vais prouver reconnoissance
A mon ancien bienfaiteur.
Par ces devoirs dont m'acquite
Un doux orgueil m'est permis,
Et peut dire que j'imite
Le bon père & le bon fils.

(*Allant vers le fond de la droite.*)

L'entends monter.

(*Il sort à pas de loups vers le fond de la gauche.*)

SCÈNE V.

DUMONT, *seul, entrant par le fond de la droite, s'asseyant auprès de la table, & appercevant la lettre.*

Surement la réponse à ce que j'ai écrit hier au soir.... (*Décachetant la lettre.*) " Vous avez été en France,

FAIT HISTORIQUE, 17

» France, Monsieur dissiper le prix d'une riche habi-
» tation que vous possédiez ici, & que vous avez
» vendue. Gêner aujourd'hui vos amis, ce seroit les
» punir injustement d'une faute commise par vous.
» Puisse la fortune vous être favorable ! ce vœu sincère
» est la seule chose que me permette la situation de
» mes affaires. Votre très-humble serviteur Lefevre. »..
Ce Lefevre qui me doit son aisance ! qui la doit à moi
seul !..... Mais ne soyons pas plus surpris de celui-ci que
des autres... Malgré eux, un doux souvenir me con-
sole.

AIR: *Des simples jeux de son enfance.*

Si j'ai prodigué mes richesses,
Ce ne fut point par vanité :
Jamais l'excès de mes largesses
Ne fut qu'un excès de bonté,
Fortune, je commence à croire,
Que tes rigueurs sont moins d'effets,
Lorsque l'on peut dans sa mémoire
Retrouver le bien qu'on a fait.

SCÈNE VI.

DUMONT, BABET.

BABET, *rentrant par le fond de la droite, portant un cabaret sur lequel sont une tasse de chocolat, une soucoupe, une cuiller & un petit pain.*

Monsieur, voici vot' déjeûner.

DUMONT.

Je n'ai rien demandé.

B

BABET.

Pas befoin de nous demander, à nous: je fçavons ce qu'il faut faire. Vite, s'il vous plaît: ça fe refroidiroit.

DUMONT, *allant s'affeoir à la table.*

Vous avez eu la bonté de l'apprêter: je ne voudrois pas que vous eufliez perdu votre peine..... (*Se mettant à déjeûner.*) Vous ne voulez donc pas abfolument me dire le nom de votre maître ?

BABET.

Il va vous le dire lui-même: il le fçait mieux que perfonne.

DUMONT, *déjeûnant.*

(*A part.*) Elle est unique dans fes réponfes... (*Haut.*) Eſt-il blanc ? eſt-il noir ?

BABET.

AIR: *Nous fommes précepteurs d'amour.*

Je n'me r'mers pas ben fa couleur...
N'foyez pas furpris d'mon langage.
J'vois tant d'bell's chofes dans fon cœur,
Qu'je n'prends pas garde à fon vifage.

DUMONT, *déjeûnant.*

Ma chère amie, l'éloge que vous faites de votre maître vous honore autant que lui. Mais aux questions que je vous fais, vous ne repondez ni oui, ni non: fi vous faites toujours comme cela, vous ne ferez jamais mariée.

BABET.

Jamais ?

FAIT HISTORIQUE.

DUMONT, *déjeûnant.*

Jamais.

BABET.

Pas pus tard que demain, Monsieur, à Basile, sous vot' respect, garçon de cette auberge.

DUMONT, *ayant fini de déjeûner, & se levant.*

Je ne verrai pas ce mariage-la; car je sors d'ici aujourd'hui.

BABET.

Vous sortez ?

DUMONT.

On est trop bien chez vous : mes moyens ne me permettent pas d'y rester.

BABET.

Not' maître ne vous laissera pas aller : il vous aime trop pour ça.

DUMONT.

Il m'aime !

BABET.

Ah ! Monsieur, je vous en prie, ne lui dites pas que je vous ai dit ça ; il m'en voudroit.

DUMONT.

Mais d'où me connoît-il ? j'arrive.

BABET.

Faut que vous soyez déjà venu dans cette île.

DUMONT.

Autrefois j'y étois fortuné, & j'y faisois ma résidence.

BABET.

C'est ça ; autrefois vous & mon maître, vous étiez amis.

DUMONT.

Je n'avois ici d'autres amis, que les six colons les plus riches du pays. Depuis hier, je les ai revus tous : aucun d'eux ne veut renouer avec moi.

BABET.

Aucun des six ?

DUMONT.

Aucun.

BABET.

AIR : *L'homme est une marionette.*

Chez mon maître, bientôt, sans peine,
Vous oublierez vos faux amis ;
Et lui seul valant mieux qu'eux six,
Vous consol'ra d'la d'mi-douzaine.
Ben différent d'vos hirondelles,
Qu'on n'voit qu'où le bonheur sourit,
L'cœur de mon maître n'a des ailes,
Qu'pour voler où l'malheur gémit.

DUMONT.

Je ne concevrai rien à ce que vous me dites, tant que vous ne m'instruirez pas plus que vous ne faites.

BABET.

Bientôt tout sera éclairci.

DUMONT.

Mais mon hôte est peut-être dans son jardin.

BABET.

Il y est souvent.

DUMONT.

Si j'allois m'y promener ?

BABET.

Il ne tient qu'à vous.... (*Allant à la table.*) Je vais desservir ceci : descendez, & je vous conduirai au jardin.

DUMONT, *s'en allant par le fond de la droite.*

J'aurai peut-être le bonheur de l'y rencontrer.

BABET.

Rien de plus possible.

SCÈNE VII.

BABET, *seule, prenant sur la table tout ce qui a servi au déjeûner.*

J'VOUDROIS qu'ils se rencontrent, moi.

AIR: *Chanson, chanson.*

Car l'ordre qui m'oblige à m'taire,
Je c'mmence à l'trouver ben sévère;
Et ça m'proove ner,
Qu'chez nous c'n'est pas l'silence qui brille;
Que l'fardeau j'plus lourd pour eun'fille,
C'est un secret.

(*Il sort par le fond de la droite.*)

SCÈNE VIII.

ANTOINE, *seul, entrant par le fond de la gauche, tenant les deux contrats.*

A travers la porte du cabinet, viens d'entendre qu'il va au jardin. Bien prend à moi d'être rentré! l'aurois sûrement rencontré: & pas encore tems de voir lui.... (*Allant appeller au fond de la gauche.*) Basile! Babet!... (*Mettant un contrat dans sa poche.*) Serrons celui-là. (*Montrant le contrat qu'il tient.*) Et celui-ci, mettons-le entre les mains de ces jeunes gens. C'est une petite supercherie : mais elle est nécessaire. Ne suffit pas de rendre service à Mon-

22 LE NEGRE, AUBERGISTE,

sieur Dumont : faut encore manière de lui rendre. Puisse amour-propre à lui nullement souffrir ! c'est à quoi faut faire attention, quand on oblige !

AIR : *Nous sommes Précepteurs d'amour.*

Car au bienfaiteur mal-à-droit,
Noble fierté point ne pardonne ;
Jamais sur la main qui reçoit,
Ne doit peser la main qui donne.

SCÈNE IX.

(BABET, ANTOINE, BASILE.

BASILE, *parlant en entrant.*

PARDON, excuse ! c'est que Babet étoit allée conduire ce Monsieur au jardin.

BABET.

Déjà revenu !

ANTOINE.

Notaire tenoit tout prêt : hier au soir, avez été dire mes volontés.... Ah ! ça.....

BABET, *à part.*

V'la notre affaire.

ANTOINE.

Ai dit à vous combien chérissons Monsieur Dumont : veux qu'il consente à votre mariage.

BABET.

J'y en ai déjà parlé : il paroit en être ben content.

ANTOINE.

Tant mieux ! aurez moins de peine à l'engager à mettre là la signature..... là au bout de l'écriture.... mais tâchez qu'il signe tout de suite, sans regarder.

BABET.

Bon !

BASILE.

Laissez-moi faire : je vais si bien prier ce Monsieur !

ANTOINE.

Non, laisse-la parler, elle. Tiens, Basile pour réussir auprès de l'homme, faut faire parler la femme.

AIR : *L'amour est un enfant trompeur.*

Ne sçais quoi, dès que l'entendons,
 En nous soudain s'éveille !
Certain tictac que nous sentons,
 Est bien douce merveille.

(*A Babet.*)

Votre voix déplace nos sens :
Car pour écouter vos accens,

(*Posant la main sur son cœur.*)

C'est-là qu'est notre oreille.

BASILE.

C'est vrai que Babet me fait cet effet-là.

ANTOINE.

Monsieur Dumont fera peut-être des façons : est modeste. (*A Babet.*) Mais presse-le : dis-lui que votre bonheur, à vous deux, dépend de sa signature. (*A Basile.*) Prie le aussi, toi : n'est pas question que soit là comme une statue.

BASILE.

Oui, mon petit mot de tems-en-tems, quand ce ne seroit que pour la reposer.

ANTOINE, *montrant le fond de la gauche.*

M'en retourne dans ce cabinet, de peur d'être

surpris. Dès qu'aura signé, laissez-lui le contrat; & tôt accourez rejoindre moi.

BABET.

Fort bien!

ANTOINE.

Après viendrai, moi, parler à lui. Entendez bien?

BABET.

Oui, oui.

ANTOINE, *s'en allant par la gauche.*

Me retire.... (*A part dans le fond.*) Puisse cette petite ruse être suivie du succès!

SCÈNE X.
BABET, BASILE.

BABET, *regardant le contrat qu'elle tient.*

V'LA donc ce qui va nous rendre heureux!

BASILE.

Je n'y connoissons que du noir & du blanc... Mais quoi qu'il veut donc dire Monsieur Antoine, que je disions à ce Monsieur que not' bonheur, à nous deux, dépend de sa signature?

BABET.

C'est pour nous exhorter à faire tout ce qui dépendra de nous, pour l'avoir, cette signature; & puisque ça fera plaisir à not' bon maître, faut ne rien négliger: laisse moi faire. Je t'ai dit que Monsieur Dumont n'est pas heureux; ainsi, à coup sûr, il a une qualité que je suis certaine d'attaquer avec succès.

FAIT HISTORIQUE.

BASILE.
Quelle qualité?

BABET.

AIR: *Réveillez-vous belle endormie.*

Celle qu'a rar'ment l'opulence,
La douce senfibilité :
C'eft la vertu de l'indigence,
L'préfent qu'nous fait l'adverfité.

SCÈNE XI.

DUMONT, BABET, BASILE.

DUMONT, *entrant par le fond de la droite.*

VOTRE jardin eft fuperbe; mais je n'ai pas eu le bonheur d'y rencontrer votre maître.

BABET.
Monfieur, il fera à vous dans l'inftant ; nous vous comptions remonté ici, v'là pourquoi vous nous y trouvez : nous venons vous prier de nous rendre un fervice.

DUMONT.
En quoi puis-je vous être utile?

BABET.

AIR: *Menuet Romain.*

Bafil' que v'là, m'trouve gentille :
Moi, j'aime affez fes p'tit's façons :
Ça fait qu'tous deux j'nous ennuyons
Lui d'êt' garçon, moi, d'refter fille.
    L' maître d'ici,
    A cet ennui
    Met aujourd'hui

LE NEGRE, AUBERGISTE,

Terme agréable
A notre amour :
Oui, ce beau jour
Est favorable,
L'écrit que v'là
A c't amour-là,
Permet la noce & cœtera,
La noce & cœtera.

DUMONT.

A cela, que puis-je faire autre chose, que de vous féliciter.

BABET.

Faut que vous fassiez davantage ; not' maître vous aime tant, que désormais il ne veut plus rien faire, que ça ne vous convienne, & que ne l'approuviez ; ainsi notre mariage ne se fera, qu'autant que vous voudrez bien signer notre contrat. (*Geste affirmatif à Basile.*)

DUMONT.

Votre maître est fou. On recherche les signatures de ceux qui peuvent être utiles ou par leurs bienfaits, ou par leur protection ; & je vous ai dit, ma bonne amie......

BABET.

Vous m'avez dit que vous n'êtes plus riche.

AIR : *Du serein qui te fait envie.*

Vraiment, ça m'cause d'la tristesse ;
St'apendant, Monsieur entre nous,
C't'adversité qui vous abaisse
Nous rapproche un tantinet d'vous.
Le front hautain de l'opulence,

FAIT HISTORIQUE.

F'roit peur à ma simplicité :
Mais je r'garde avec assurance
L'sourire de l'égalité. . . . . . . *bis*.

« C'est pour ça que j'ôse vous priez de signer ce contrat. DUMONT, *à Basile*.

Mais, mon ami, vous qui, peut être, êtes plus instruit qu'elle..... (*Basile lui fait signe que non.*) Je m'adresse à vous. (*Basile lui fait signe de s'addresser à Basile.*) Est-ce que votre future est muet ?

BASILE, *avec volubilité*.

AIR : *Flamand*.

Non, je parle comm' les autres ;
Mais n'écoutez que Babet,
S'il vous plaît,
Ses accens valent mieux qu'les nôtres :
Ils font un effet vainqueur
Sur le cœur,
Et si le vôtre est
D'l'acabit don: il paroît
Il sent c't'effet.
Oui, je gag'rois
Qu'les attraits
D'ce p'tit son d'voix fluté,
Vont vous fair' venir à jubé ;
Et v'là pourquoi,
Je m'fais enn' loi
De m'tenir coi.

DUMONT.

Mademoiselle Babet est, on ne peut pas plus aimable ; me je ne sçaurais faire ce qu'elle me demande. Moi, arrivant ! moi, étranger !

BABET, *à Dumont*.

Vous étranger ici ! tandis que not' maître vous élève d'un cran au-dessus de son père.

DUMONT.

Votre maître plaisante, & je plaisanterois aussi, si je vous donnois une signature qui vous est absolument inutile. Je n'en ferai rien.

BABET, à Basile.

AIR : *Comment goûter quelque repos ?*

Faisons nos adieux au bonheur ;
Mais n'les f'sons pas à la tendresse,
Babet te chérira sans cesse.

BASILE.

Toujours tu régn'ras sur mon cœur.

BABET.

Un doux espoir flattoit mon ame :
Cet espoir étoit une erreur ;
Faisons nos adieux au bonheur ;
Monsieur n'veut pas que j'sois ta femme.

BASILE, achevant l'air en pleurant.

Monsieur n'veut pas qu'tu sois ma femme.

DUMONT. à part.

Je m'y perds.

BABET, donnant le contrat à Basile.

AIR : *Triste raison, j'abjure ton empire.*

Tu remettras cet écrit à not' maître,
Moi, j'vas pleurer loin de cette maison ;
Tiens, j'n'aurois pas la force d'le lui r'mettre.

BASILE, prenant le contrat à part en pleurant.

Vrai, pour un rien, j'croirois qu' c'est tout de bon.

BABET, à Dumont.

Excusez de la liberté ; si je l'avons prise, c'est que je vous avons cru sensible.... Adieu, Monsieur.

DUMONT, retenant Babet.

Moi, ma chère amie, faire votre malheur. (A Basile en s'asseyant.) Donnez. (Basile pose le con-

FAIT HISTORIQUE. 29

trat sur la table prenant la plume.) Je ne conçois pas les motifs de votre maître ; mais puisqu'il le veut absolument......

BABET, mettant le doigt sur le contrat.

Là, Monsieur, là.

DUMONT, signant.

Mes amis, soyez heureux.

BABET.

Viens, Basile, viens vîte.

DUMONT.

Et votre contrat.

BABET, sort en courant avec Basile par le fond de la gauche.

J'allons chercher not' maître.

SCÈNE XII.

DUMONT, seul, assis.

Tout ceci est vraiment singulier !... Enfin j'aurois eu tort de ne pas les contenter..... Attendons notre hôte puisqu'il vont le chercher. (Examinant le contrat.) Mais.

SCÈNE XIII.

DUMONT, ANTOINE, entrant à pas de loup par le fond de la gauche.

DUMONT.

Mais, ce n'est pas là un contrat de Mariage.... que vois-je ! à moi, on me doit trente mille francs ! on promet de me les payer, moyennant une rente

30 LE NEGRE, AUBERGISTE,

perpétuelle de quinze cent livres, dont la première année échue est soldée par une lettre-de-change payable à vue. (*Montrant la bande de papier incluse dans le contrat.*) La voici, la lettre... Que veut dire ceci?... Quel est mon débiteur?... Antoine! Je ne connois aucun négociant de ce nom... Antoine!... J'ai beau chercher; c'est un contrat au profit de quelqu'un qui porte mon nom; ces jeunes gens ne sçavent pas lire; & ils viennent de commettre....

ANTOINE.

Non, mon doux maître.

AIR: *Pourriez-vous bien douter encor.*

Jadis ta main brisa mes chaînes;
Reconnois ton vieux serviteur,
Permets que soulage les peines,
De celui qui fit mon bonheur;
Bien foible, est ma reconnoissance
Du bien que tiens de ta bonté;
Moi, ne t'offre que l'existence,
Toi, m'as donné la liberté.

DUMONT.

C'est toi, mon cher Antoine?

ANTOINE.

Oui, doux maître; passager Français m'ont appris ton infortune: songeois au moyens d'y remedier quand t'ai vu arriver ici. Ai fait ce contrat; accepte, où moi malheureux.... Personne ne sçait; pas même notaire; nom à toi étoit en blanc; viens de l'écrire moi-même. Toi sourd à l'orgueil.... Souvent riches faire payer cher leurs bienfaits. Toi jamais à rougir de ma reconnoissance.

DUMONT.

Ta fortune te permettroit!....

ANTOINE.

Le ciel m'avoir été favorable.... N'ai, moi,

FAIT HISTORIQUE.

dans le monde, que toi & jeunes gens que viens de voir. Si toi & eux acceptez, aurai vécu puisqu'aurai été utile.

DUMONT, *embrassant Antoine.*

Mon vieil ami ! je viens trouver ici des ingrats ; tu ne trouveras jamais leur semblable en moi.

ANTOINE.

Babet ! Basile !

(*Babet & Basile arrivent courant.*)

SCÈNE XIV & dernière.

BABET, DUMONT, ANTOINE, BASILE.

ANTOINE.

Amis, moi heureux ! jusqu'à présent seul sur la terre ; aujourdhui trouver famille à moi... Voici mon ancien maître qui lorsque vendit son habitation, préféra humanité à fortune en ne vendant pas ses esclaves & en les affranchissant. M'a donné liberté ; liberté m'a donné aisance ; aisance à moi donne bonheur à vous ; enfans, vous jamais n'oubliez la pemière cause de ce bonheur.

BABET.

Je l'aimerons ben, à condition qu'il n'aura pas la méchanceté de vous quitter comme il disoit.

ANTOINE.

Non, rester lui avec nous. Tout-à-l'heure nous quatre diner ensemble ; demain nous quatre divertir ensemble à votre noce ; tous les jours nous quatre union & gaîté.

LE NÈGRE, AUBERGISTE, &c.
VAUDEVILE.

DUMONT.
Ils ne connoissent pas encore
Toute ta générosité ;
Oui, je vois que ce couple ignore
Jusqu'où va pour moi ta bonté :
Mais de tes bienfaits je m'honore ;
Et par toi, soustrait au malheur,
Avec eux je veux chanter ton cœur.

BASILE.
Le riche, qui, jamais n'partage,
Les trésors dont lui seul jouit,
Ressemble à cet arbre sauvage,
Dont personne n'peut manger l'fruit.
Mais l'arbre greffé, dont l'feuillage
Est peuplé d'un fruit plein d'douceur,
Est l'utile image d'un bon cœur.

ANTOINE.
De nous tous nature est la mère,
Sa devise est diversité,
Mon teint, qui, du vôtre diffère,
Nous prouve sa variété :
Mais sçachons reconnoître un frère,
Sous l'une & sous l'autre couleur,
Par-tout où nous trouvons un bon cœur.

BABET.
Ce n'est pas au sein de la fable,
Que nous avons puisé ce trait ;
Ici rien que de véritable :
C'est le simple récit d'un fait.
Ah ! qu'un coup de main favorable,
Accorde un prix plein de douceur
Au tableau qui vous offre un bon cœur,

FIN.

www.ingramcontent.com/pod-product-compliance
Lightning Source LLC
Chambersburg PA
CBHW060719050426
42451CB00010B/1524